AF404635

NOUVELLE
REVUE HISTORIQUE

DE

DROIT FRANÇAIS ET ÉTRANGER

PUBLIÉE SOUS LA DIRECTION DE MM.

R. DARESTE
Membre de l'Institut,
Conseiller honoraire
à la Cour de Cassation.

A. ESMEIN
Membre de l'Institut,
Professeur
à la Faculté de droit de Paris,
Président de section à l'École
pratique des Hautes-Études

G. APPERT
Docteur en droit.

J. TARDIF
Docteur en droit,
Archiviste Paléographe.

M. PROU
Membre de l'Institut,
Professeur
à l'École des Chartes.

P. DARESTE
Docteur en droit

SECRÉTAIRE DE LA RÉDACTION

Félix SENN
Professeur à la Faculté de droit de Nancy

PRIX DE L'ABONNEMENT ANNUEL

Pour la France........................ 18 fr.
Pour l'Étranger.... .... 19 fr.

NOTES
SUR
QUELQUES MANUSCRITS JURIDIQUES PEU CONNUS
Par M. Olivier MARTIN

LIBRAIRIE
DE LA SOCIÉTÉ DU
RECUEIL SIREY
22, rue Soufflet, PARIS, 5e Arrond.
L. LAROSE & L. TENIN, Directeurs

1911

NOTES

SUR QUELQUES MANUSCRITS JURIDIQUES PEU CONNUS

I. — Deux mss. nouveaux du Grand Coutumier de France.

Le récent catalogue des mss. de la bibliothèque de l'Arsenal, héritière de la riche bibliothèque du marquis de Paulmy, enregistre sous le n° 2466 un manuscrit sur papier du xv⁵ siècle contenant : 1° Coutumes de Paris, 111 fᵒˢ; 2° Les coustumes des bailliages de Montargis et de Cepoy[1]. La présence dans un ms. du xv⁵ siècle de « *coutumes de Paris* » était bien faite pour intriguer. Après vérification, il m'a été aisé de reconnaître un ms. du Grand Coutumier de France. Avec une étiquette aussi vague, ce ms. risquait fort de rester à jamais ignoré. Il me paraît utile de le signaler à l'attention des historiens du droit et de faciliter ainsi la tâche du futur éditeur de l'œuvre de Jacques d'Ableiges. Il ne saurait être question d'étudier ici ce ms. d'une manière approfondie, car il faudrait le comparer à bon nombre d'autres mss. du Grand Coutumier. Je me contenterai d'une description sommaire et d'un essai de classement dans les diverses séries de mss. du Grand Coutumier que nous possédons. Je néglige la seconde partie du ms. 2466 qui n'a d'ailleurs été qu'artificiellement cousue à la même

---

(1) *Catalogue général des manuscrits des bibliothèques publiques de France. Paris, Bibliothèque de l'Arsenal*, T. III, p. 14. Le ms. mesure 295 sur 220 millim. L'écriture est à longues lignes et le ms. est couvert en parchemin. Nulle indication ne révèle la provenance de ce ms.

reliure (1). Elle est incomplète et se réfère aux travaux préparatoires de la première rédaction officielle de la coutume de Lorris-Montargis en 1494 publiée par de la Thaumassière et laissée de côté à tort par Bourdot de Richebourg (2).

La première partie du ms. 2466 contient 112 feuillets, le f° 112 est resté blanc ainsi que le f° 111 v°. L'ouvrage ne contient pas d'*incipit* ni de table des chapitres et débute *ex abrupto* par le c. *de droit*. Il n'y a pas davantage d'*explicit* et le ms. se termine avec le c. *de bail et garde* au f° 111 r°. Voici la liste des chapitres qu'il contient avec le foliotage :

De droit.	f° 1
De justice.	»
Qu'est haulte justice	f° 3 v°
Moyenne justice	f° 6 v°
De basse justice	»
De justice fonciere et de seigneurie fonciere.	f° 7
De coustume	f° 8 v°
De usage	f° 9 v°
De stile.	»
De la division des choses	f° 10
Des choses corporelles et incorporelles	»
De servitute.	»
De albain.	f° 10 v°
De caucion.	»
De emancipacion	»

(1) Elle comprend 28 feuillets aujourd'hui à peu près complètement détachés de la reliure.

(2) On sait que le premier texte coutumier officiellement rédigé pour la région orléanaise fut la coutume de Lorris-Montargis rédigée en 1494 à Montargis parce que, à cette époque, le duché d'Orléans constituait l'apanage du duc Louis et que le roi n'avait pas de bailli à Orléans. Cf. Viollet, *Etablissements de Saint Louis*, t. I, p. 366. Cette rédaction de 1494 a été publiée par de la Thaumassière, *Coutumes locales de Berry et de Lorris*, p. 440 et s. Bourdot de Richebourg, *Nouveau Coutumier général*, t. III, p. 829 et s., publie seulement la réformation de 1531 de la coutume de Lorris-Montargis en considérant à tort que la rédaction de 1494 était restée imparfaite (p. 829, n. a). Le texte fort incomplet qui constitue la seconde partie du ms. de l'Arsenal présente une grande analogie, mais non une similitude absolue, avec le texte publié par de la Thaumassière. C'est probablement un projet qui fut retouché lors de la rédaction officielle.

La simple étude de cette table montre que notre ms. est très voisin des mss. fr. 4369 et fr. 18099 de la Bibliothèque nationale dont Laboulaye et Dareste ont publié une table des rubriques un peu inexacte d'ailleurs dans la Préface de leur réimpression du Grand Coutumier (1). Il est à rapprocher aussi du ms. fr. 18419 de la Bibliothèque nationale inconnue de Laboulaye et de Dareste et du ms. Ottoboni 2794 de la Bibliothèque vaticane signalé pour la première fois par mon collègue M. André Giffard (2). Nous possédons ainsi cinq manuscrits d'un remaniement de l'œuvre en quatre livres d'Ableiges dont le titre est fourni d'une façon à peu près concordante par le ms. Ottoboni 2794 et le ms. fr. 18419 : « *Stille et coustume de la Court du Châtellet de Paris* » (3).

(1) E. Laboulaye et R. Dareste, *Le grand coutumier de France*, Paris, 1868, p. xxiii et xxix. La table est un peu inexacte en ce sens qu'elle présente comme communes aux deux mss. quelques rubriques qui existent bien dans le ms. fr. 4369 mais qui manquent dans le ms. fr. 18099.

(2) *Études sur les sources du droit coutumier aux xivᵉ et xvᵉ siècles. I. Un style du Châtelet utilisé par d'Ableiges*, Nouvelle Revue historique de droit..., 1906, p. 429, n. 3 et 430, n. 2.

(3) C'est le titre donné par le ms. Ottoboni 2794; cf. Giffard, *loc. cit.*, p. 429, n. 3. Le ms. fr. 18419 fournit un titre très voisin, fᵒ 14 : « *s'ensuivent les rubriches des chapitres du stile et coustume de la vicomté et de la prévosté de Paris* »; fᵒ 112 vᵒ « *fin des coustumes et stilles du Chastellet* ».

L'intérêt de ce remaniement du grand coutumier a été indiqué en passant par M. Giffard (1). Il mériterait certainement
une étude détaillée. Je me borne à signaler quelques particularités du ms. de l'Arsenal.

Ce ms. tout d'abord n'est pas complet. Les mss. fr. 18149
et 4369 contiennent quelques chapitres qui manquent dans le
ms. de l'Arsenal (2). Et cela tient à quelque hasard car le
copiste du ms. de l'Arsenal avait sous les yeux un ms. complet ou du moins plus étendu, selon lequel il transcrit des
renvois à des chapitres postérieurs (3). Le ms. fr. 18099 qui
est aussi incomplet a été par contre transcrit sur un ms.
incomplet du type de notre ms. de l'Arsenal car il se termine
tout à fait de la même façon et sur le même chapitre « *de bail
et garde darenier chappitre* » qu'il clôt par un *explicit*
(f° 143 v° et 148 v°).

Bien qu'incomplet ou moins complet que certains autres
mss. de la même famille, le ms. de l'Arsenal mérite cependant l'attention. La plupart des mss. de cette famille contiennent des dates assez basses qui pourraient conduire à
fixer à la seconde moitié du xv° siècle la date de ce remaniement de l'ouvrage de d'Ableiges. Ainsi le *c. de justice* donne
une formule datée de présentation au Parlement. La date varie
selon les mss.; le ms. 4369, f° 2 donne 1453; le ms. 18099,

(1) *Loc. cit.*, p. 430, n. 2.

(2) Le ms. fr. 4369 contient après le c. *de bail et garde*, les chapitres
suivants : *des mineurs*, f° 214 v°; *de provision*, f° 216 v°; *des délits et injures*,
f° 217 v°; *de feudis*, f° 221; *coustumes de fiefs*, f° 224 v°. Le ms. fr. 18419
ne contient pas le c. *de bail et garde* mais donne les chapitres *de rachatz, de
patronage et serment de feaulté*, qui ne sont ni dans le ms. de l'Arsenal, ni
dans le ms. fr. 4369.

(3) Le ms. de l'Arsenal, f° 107 v°, notamment, renvoie aux c. 72 et 73
ainsi qu'au « *c. de rachat c. 70* ». Son dernier c. *bail et garde*, f° 108 v° est
numéroté c. 62; cela fait penser qu'il manque au moins 11 chapitres dans
notre ms., chapitres qui se trouvaient sans doute dans le ms. qu'il copiait et
dont il reproduit les renvois, avec même la pagination, qui est naturellement
devenue fausse. — Outre ces lacunes, le ms. de l'Arsenal, comme les autres
mss. du même type renvoie à des parties absentes qui se trouvent dans la
compilation en quatre livres de d'Ableiges, cf. par exemple, f° 108 v° : « Si
comme disent les instructions sur les nouveaulx acquestz in. ii°, pagina 87 ».
Voyez des exemples analogues dans les mss. du même type cités par Giffard, *loc. cit.*, p. 430, n. 2.

fᵒ 2 donne 1496; le ms. 18419 donne à la fois pour la même présentation les deux dates de 1427 et 1396 (fᵒ 15 vᵒ et 16 vᵒ) (1). La date véritable me parait être donnée par notre ms. de l'Arsenal fᵒ 1 vᵒ : 1396. Le copiste du ms. 18099 a mis par erreur un jambage de trop; le rédacteur du ms. 4369 a rajeuni la date du ms. qu'il copiait de même qu'il a modifié le nom du procureur. Et le copiste du ms. 18419 a bien opéré le même rajeunissement pour la première date inscrite au début de la présentation; mais il a conservé pour la seconde date le chiffre du ms. qu'il copiait : 1396. Il me paraît donc certain que seul de ces quatre mss., le ms. de l'Arsenal contient la date primitive (2). Le même ms. nous permet de rectifier la date de 1478 donnée par erreur par le ms. 18419 (3). Il nous révèle enfin qu'un passage du ms. 18419 citant un arrêt de 1434 constitue une addition postérieure manquant dans le texte primitif du remaniement (4). Les dates les plus basses que nous rencontrions dans notre ms. de l'Arsenal sont de la fin du xivᵉ siècle (5); une fois à ma connaissance est mentionnée une coutume prouvée en tourbe au mois de novembre 1400 (6). Notre ms. permet donc de dater avec grande vraisemblance de l'extrême début du xvᵉ siècle ce

(1) « Regnault du Pré procureur d'un tel, etc. se présente par vertu de ceste procuracion par devant vous monseigneur tenant ce présent Parlement du roy nostre sire à Paris à ce xxiiᵉ jours d'aoust l'an mil cccc xvii...... Et au Parlement l'en met déssoubz Senlis l'an iiii xx et xvi ».

(2) J'ajoute en ce sens une seconde constatation. Tous nos mss. donnent le même quantième du mois : « le xxiiᵉ jour »; le ms. 18099 omet d'indiquer le mois. Le ms. 4369 donne « le xxiiᵉ jour de mars ». L'accord du ms. 18419 et du ms. de l'Arsenal rend presque sûre la date du 22 août. La date complète primitive serait donc 22 août 1396.

(3) Ms. fr. 18419 fᵒ 34 vᵒ : « car par les ordonnances faictes le xviiiᵉ jour de janvier l'an mil iiii c lxxviii.... ». Le ms. fr. 4369 fᵒ 35 donnait la même date mais le premier C. a été gratté. Le ms. de l'Arsenal fᵒ 18 vᵒ donne la date exacte « l'an mil ccc lxxviii, xviiiᵉ jour de janvier ».

(4) Fᵒ 31 vᵒ « Ita vidi prononciare per arrestum en mars mil iiii c iiij ». Ce passage manque dans le ms. de l'Arsenal fᵒ 15, ainsi d'ailleurs que dans le ms. fr. 4369, fᵒ 29.

(5) Fᵒ 1 vᵒ : 1396, fᵒ 17 : février 1395 (n. st.).

(6) Fᵒ 15 : « en novembre l'an cccc fu prouve en tourbe... ». Je signale aussi qu'en marge du fᵒ 3 indiquant le nombre normal des procureurs au Châtelet se trouve cette remarque : « Nota que en l'an mil cccc et i furent jurés lxxiiii procureurs ».

remaniement de l'œuvre de d'Ableiges qui contient des additions importantes.

Le ms. Arsenal 2466 présente enfin d'assez curieuses particularités extérieures. Les divers chapitres sont numérotés, en marge, par un chiffre arabe. Ils sont divisés en paragraphes numérotés eux aussi en marge par un chiffre arabe (1). Ces subdivisions ont évidemment pour but de faciliter la consultation de l'ouvrage et de rendre possibles les nombreux renvois qui sont faits d'un chapitre à l'autre (2). Certains mss. de l'ouvrage en quatre livres de d'Ableiges et notamment le ms. fr. n. acq. 3555 de la Bibliothèque nationale contiennent aussi d'assez nombreux renvois. Mais ils sont beaucoup plus fréquents et beaucoup plus précis dans notre ms. de l'Arsenal. Ces subdivisions et ces renvois pourront sans doute fournir des indications lorsqu'il s'agira de déterminer la filiation des divers mss. Enfin d'assez nombreuses notes en marge soulignent les passages importants plutôt qu'elles n'apportent des renseignements nouveaux.

Telles sont les constatations que m'a permis de faire une étude rapide du ms. Arsenal 2466. Elles suffisent, je crois, pour ranger ce ms. dans le groupe de mss. contenant un remaniement ancien de l'œuvre en quatre livres de d'Ableiges et pour préciser son importance parmi les mss. de ce groupe.

o^oo

Le fragment du Grand Goutumier que contient le ms. 2666 de la même bibliothèque de l'Arsenal est beaucoup moins intéressant. Le même hasard me l'a fait découvrir et l'occasion est bonne de le signaler lui aussi. Ce ms. est inscrit au catalogue comme contenant un « *Traité de procédure* » (3).

---

(1) Parfois une sorte de petit préambule indique en résumé le contenu du chapitre. Ainsi au f° 12 après la rubrique « *de obligacion, d'accion...*, etc. on lit : « Ceste rubrique contient dix membres, *Primo* de obligacion *ab inicio usque ad c.* 5... » Mais ce procédé est exceptionnel et s'explique par le caractère tout particulièrement touffu et emmêlé du chapitre.

(2) Ces renvois sont parfois accompagnés de l'indication de la page. Mais cette pagination a dû être copiée sans discernement sur un autre ms. car elle ne concorde pas du tout avec la pagination de notre ms.

(3) *Catalogue général... Bibliothèque de l'Arsenal*, t. III, p. 66, ce ms. est

Le coup d'œil le plus rapide me révéla qu'il s'agissait en réalité d'un fragment assez court du Grand Coutumier réunissant les derniers chapitres du livre II de d'Ableiges et presque tout le livre IV. Au surplus un lecteur anonyme du XVIIIe siècle s'en était déjà avisé et écrivit en marge du f° 1 cette remarque judicieuse : « il y a dans cette pratique beaucoup de choses qui sont mot pour mot dans l'autheur du Grand Coutumier » (1). Cette note qui n'est pas de la main du marquis de Paulmy auquel notre ms. a sûrement appartenu (2) aurait dû mettre sur la voie le rédacteur du catalogue moderne et lui suggérer une désignation un peu moins vague. Quoi qu'il en soit, voici la liste des rubriques de notre ms.

De succession	f° 1
De garde et bail	f° 7 v°
Des mineurs, tuteur et curateurs	f° 10
De donner provision	f° 12
De delictz	f° 13
D'efractione salvegardie	f° 15 v°
De asseurement	f° 16
De feudis	f° 16 v°
Coustumes de fiefz	f° 19 v°
De l'office du juge	f° 32
Des juges arbitres	f° 33
Des cas qui pevent toucher le roy ou l'evesque	f° 33 v°
Des clers non mariez	f° 39
Des clers mariez	f° 43
Qu'est haulte justice moyenne et basse	f° 46
Qu'est moyenne justice	f° 49 v°

en papier et comprend 63 feuillets sous une demi-reliure en basane; il mesure 290 sur 205 millim. L'écriture à longues lignes est du XVe siècle.

(1) De l'autre côté au crayon une écriture également ancienne a écrit : « Praticien françois ».

(2) Le ms. conserve encore l'ancienne cote qu'il portait dans la bibliothèque du marquis de Paulmy : « Jurisprudence, n° 1159, C. » J'ai cependant en vain recherché la notice consacrée à ce ms. dans le catalogue dressé par de Paulmy et ses divers secrétaires (ms. 6281 de l'Arsenal). Ce catalogue est un registre en papier encombré de renvois et des fiches ajoutées. Diverses classifications ont été successivement adoptées, ce qui rend les recherches difficiles. De nombreuses notices dressées par de Paulmy lui-même nous montrent une écriture très caractéristique qui n'est pas celle de notre petite note.

L'explicit se trouve au fº 63. Il n'y a pas beaucoup d'observations à faire sur ce fragment. Notre ms. paraît se rattacher directement à l'ouvrage en quatre livres de d'Ableiges et non pas à un remaniement d'ensemble postérieur comme le ms. 2466. Au cours d'une lecture rapide, j'ai relevé seulement quelques additions intéressantes à la fin du c. *coustumes de fiefz* démarqué, comme on le sait, d'un petit texte coutumier très curieux et que l'on trouve à l'état isolé. Ce chapitre a reçu dans les divers mss. du Grand Coutumier des additions fort variables. Je signale que deux paragraphes du ms. Arsenal 2666 en visant Saint-Denis et Chartres ont bien l'air de se référer à quelques souvenirs personnels de Jacques d'Ableiges (1).

Je ne saurais insister. Il appartiendra au futur éditeur de d'Ableiges de déterminer la valeur de ces deux nouveaux mss. Je me permets seulement de regretter l'insuffisance de certaines notices consacrées à des mss. juridiques dans le récent catalogue général entrepris par le ministère de l'instruction publique. Cette insuffisance, en rendant possibles encore de véritables découvertes, peut procurer des joies appréciées aux amateurs de mss. Mais elle est décevante pour les travailleurs un peu pressés qui comptaient trouver dans ce catalogue aujourd'hui terminé un instrument commode et sûr.

II. — Les manuscrits des procès-verbaux officiels de rédaction des coutumes de Bretagne.

Bon nombre de procès-verbaux officiels de rédaction de nos coutumes se trouvent dans nos bibliothèques. Ces manus-

---

(1) Fº 31 vº : « Item aulcuns veilent dire que nul ne peut tenir fief sans demaine quant Mrs de St Denis achetent aulcune chose.... » et un peu plus loin : « Item chappitre de Chartes trouverent plusieurs fiefz dont il baillent homme mortel comme dit est mais c'est ung d'eux mesmes chappitres. Et s'il meurt, il doivent nouvel rachat, voyre se il change son benefice si comme il dient... ». — J'observe aussi qu'au c. *de succession* fº 4 vº se trouve la

crits sont d'ordinaire fort soignés, calligraphiés sur vélin et munis des signatures autographes des commissaires royaux chargés de procéder à la rédaction de la coutume. Sans doute le grand recueil de Bourdot de Richebourg contient une édition fort commode et très suffisante de la très grande majorité de nos coutumes et une édition nouvelle qui pourrait être plus critique et plus complète apparaîtrait aujourd'hui comme une entreprise de librairie tout à fait chimérique. Il n'est pas sans intérêt cependant de signaler ces procès-verbaux officiels qui sont parfois dispersés et fort éloignés de leur lieu d'origine.

C'est ainsi que la Bibliothèque municipale de Rennes riche en mss. de la Très Ancienne Coutume (1) ne contient aucun des deux procès-verbaux officiels des rédactions de la coutume opérées en 1539 et en 1581. Le premier de ces procès-verbaux se trouve aujourd'hui à la Bibliothèque de l'Arsenal, le second fait partie de la Bibliothèque de la cour d'appel de Rennes et est actuellement conservé dans le cabinet de M. le Premier Président.

C'est à la suite d'assez singuliers détours que le procès-verbal de la rédaction de 1539 est parvenu à la bibliothèque de l'Arsenal. Après la rédaction il avait été déposé au greffe

coutume excluant le privilège du double lien, coutume prouvée en tourbe en présence de Jean Lecoq et Pierre le Serf, coutume qui se trouve dans le ms. fr. n. acq. 3555 f° 99 mais manque dans le ms. fr. 10816, f° 227 v°.

(1) M. Planiol, dans l'introduction de son édition de la *Très Ancienne Coutume*, Rennes, 1896, p. 26-29 décrit cinq mss. de ce texte qui se trouvent à la Bibliothèque municipale de Rennes. L'occasion est bonne de signaler un nouveau ms. de la Très Ancienne Coutume qui a échappé aux recherches de M. Planiol. C'est le ms. 839 de la Bibliothèque municipale de Reims, du xv° siècle sur parchemin, acquis en 1844 à la vente Firmin Clicquot. — Je signale aussi qu'en juillet 1909 à la vente de M. Fornier, ancien conseiller à la cour d'appel de Rennes, j'ai vu passer, dans un album de pièces diverses deux feuillets in-8° sur vélin d'un ms. du xv° siècle de la Très Ancienne Coutume. Ces deux feuillets contenaient des ordonnances ducales avec l'*explicit* de l'ouvrage. Et une main plus récente, sans doute du xvi° siècle avait ajouté à cet *explicit* « par Copu le Saige, Mahé le Léal et Treal le fier ». Est-ce un simple écho de la tradition recueillie par d'Argentré et par Noel du Fail? Est-ce au contraire cette inscription qui a accrédité cette tradition? La question est insoluble. Mais cette mention, jusqu'ici unique sur un ms. (cf. Planiol, *loc. cit.*, p. 9) m'a paru digne d'attention.

des Grands Jours de Rennes qui devinrent sous Henri II, comme on le sait, le Parlement de Bretagne. Lorsqu'une difficulté s'élève sur le sens de la coutume, la Cour consulte le texte officiel déposé à son greffe (1). Lorsque sur les instances des États et malgré les remontrances du Parlement (2), le roi décida la réformation de la coutume, le procès-verbal de la rédaction de 1539 fut remis aux commissaires royaux chargés de la réformation, sur réquisition du procureur général (3). Après les opérations de réformation, le ms. réintégra le greffe de la cour (4) et pendant plus d'un siècle resta sans histoire. En 1780 le marquis de Paulmy l'acheta à la vente de Charles-Adrien Picard, bourgeois de Paris et bibliophile assez réputé, pour 25 livres 10 sous (5). Picard l'avait acquis en 1766 ainsi qu'il résulte d'un *ex libris* manuscrit inscrit au f° 133 r°, après les signatures des commissaires-royaux (6).

Nous n'aurions aucun moyen de savoir comment notre ms. ayant quitté le greffe du Parlement de Bretagne se trouve en 1766 entre les mains d'un parisien amateur de livres, si l'un des possesseurs du ms., sans doute au début du xviii⁰ siècle, ne l'avait fait relier de maroquin rouge à ses armes.

(1) Archives départ. d'Ille-et-Vilaine. Section judiciaire, série B. *Registres secrets du Parlement* 2, f° 22 à la date du 26 mars 1554 : une difficulté s'étant élevée sur la coutume touchant les appropriements, le Parlement décide que l'on verra la vieille coutume pour la conférer avec la nouvelle. La « vieille coutume » c'est la Très Ancienne à laquelle tout le monde au xvi⁰ siècle attribuait un caractère officiel.

(2) Des lettres patentes du 7 avril 1568 obtenues par les Etats de Bretagne ordonnent d'informer des usages et coutumes locales du pays. Le Parlement décida le 3 octobre 1570 qu'il serait fait des remontrances au roi. Cf. *Registres secrets*, 33, f° 33, v° et *Table raisonnée des Ordonnances... enregistrées au Parlement de Bretagne*, Rennes, 1757, col. 91.

(3) *Registres secrets*, 52, f° 17 v°, à la date du 15 avril 1580 : « le Procureur général du roi requiert que l'original de la coutume de Bretagne écrite sur velin qui est au greffe de la cour lui soit donnée pour la communiquer aux commissaires du roi vacans à la rédaction de la coutume.

(4) *Registres secrets*, 54, f° 19 à la date du 21 mars 1581 : « la cour ordonne que le greffier retirera l'original de la coutume de ce païs qui fut donnée à défunt Mⁿ Jaques Budes, procureur général ».

(5) H. Martin, *Histoire de la Bibliothèque de l'Arsenal*, p. 203.

(6) « De la Bibliothèque de Charles Adrien Picard, 1766 ».

Ces armes nous révèlent que le ms. fut la propriété de
Charles-François Lefebvre, marquis de Laubrière qui fut
reçu en 1710 conseiller au Parlement de Paris et qui, devenu
veuf, entra dans les ordres et décéda en 1738 évêque de
Soissons (1). Grâce à ces armes, toute l'histoire de notre ms.
s'éclaire. Ce marquis de Laubrière descend en effet d'une
bonne famille angevine dont plusieurs représentants, au
xviie et au début du xviiie siècle, occupèrent des charges de
conseillers non originaires au Parlement de·Bretagne (2).
L'un de ces magistrats sans nul doute s'appropria le ms. de
la rédaction de 1539 devenu inutile et oublié parmi les
archives du Parlement.

Ce ms. est aujourd'hui coté sous le n° 2646 de la bibliothèque de l'Arsenal (3). C'est un très beau ms. sur vélin
dont l'écriture à longues lignes est très soignée. Le texte de
la coutume occupe 43 feuillets d'une écriture très serrée,
mais très claire. Chaque article va à la ligne mais il n'est
pas numéroté. Du f° 43 v° au f° 133 s'étend le Procès-Verbal
d'une écriture différente de plus en plus large mais très
lisible. A la suite viennent les signatures autographes des
commissaires : Quelain, Ruzé, Faisant, Crespin·et Pierre
Marec. Mais il n'y a pas de sceaux. On ne trouve pas davantage mention de l'enregistrement au greffe des Grands Jours
de Bretagne.

Le ms. de la réformation de 1581 a eu une destinée beaucoup moins aventureuse. S'il a quitté à une époque indéter-
minée les archives du Parlement de Brétagne (4) pour entrer

---

(1) Cf. H. Martin, *Histoire de la Bibliothèque de l'Arsenal*, p. 315 dont les
renseignements biographiques sur notre personnage doivent être rectifiés.
Le marquis de Laubrière posséda, semble-t-il, une belle bibliothèque; cinq
de ses mss. passèrent dans la bibliothèque du marquis de Paulmy, par des
voies diverses. C'est par erreur que le Catalogue de la bibliothèque de
l'Arsenal, III, p. 57, porte que ce Le Fèvre de Laubrière fut conseiller au
Parlement de Bretagne. Voyez sur ce personnage une notice précise dans
l'ouvrage estimé de M. Frédéric Saulnier, *Le Parlement de Bretagne* (1554-
1790), n° 453.

(2) On trouvera tous les détails désirables dans l'ouvrage de M. Saulnier,
n°ˢ 446, 448 et 453.

(3) *Catalogue.... Bibliothèque de l'Arsenal*, III, p. 57.

(4) Le ms. original de la coutume avait été déposé au greffe du Parlement

à la Bibliothèque de la cour d'appel, il est resté du moins dans le même bâtiment (1). C'est aussi un très beau ms. sur vélin mesurant 352 sur 240 millim. et contenant 134 feuillets foliotés en chiffres romains. L'écriture à longues lignes est très soignée et les titres sont en capitales (2). Le ms. est revêtu d'une somptueuse reliure en maroquin rouge de l'époque et surchargée de dorures. Sur les plats semés de fleurs de lys et d'hermines des motifs d'argent inscrusté encadrent le motif central de la dorure (3). Des attaches en soie verte usée fermaient le ms. Au f° 134 v° se trouvent les signatures des cinq commissaires, avec, rangés en bas, les 5 sceaux recouverts de papier. Ces cinq commissaires sont : Bourgneuf, Brullon, Glé, Alixant et d'Argentré. Un peu au-dessous est la signature du greffier Gautier. Le procès-verbal officiel de la rédaction fut présenté au Parlement le 10 avril 1581 et déposé ensuite au greffe de la cour. Cela résulte d'une mention ajoutée sur le dernier feuillet non folioté de notre ms. Je donne le texte *in extenso* de cette formule équivalant sans nul doute à l'enregistrement et qui n'a pas encore été publiée à ma connaissance (4).

« Messire René de Bourgneuf premier président et M° Bertrand Glé conseiller ont dict à la court que suivant la commission du Roy adressée à Messire Pierre Brullon président,

---

tout de suite après la rédaction, *Registres secrets*, 55, f° 1, v° à la date du 3 août 1581 : « l'original du livre et cahier de la coutume nouvellement rédigée qui avait été présenté et vu en la cour le 10 avril dernier a été ce jour représenté en icelle ».

(1) Ce ms. est conservé dans le cabinet de M. le premier président Maution qui m'a permis, avec la plus grande complaisance, de l'examiner à loisir. Je lui en renouvelle ici mes remerciements respectueux. Ce ms. n'a jamais été décrit à ma connaissance.

(2) Les articles sont numérotés en chiffres romains selon une série unique.

(3) Les tranches dorées sont cisaillées et gravées d'hermines.

(4) Cette mention ne se trouve pas dans Bourdot de Richebourg, *Nouveau Coutumier général*, III, p. 462. Elle n'est pas davantage dans *Coutumes générales... de Bretaigne*, avec les notes d'Hévin, d'Argentré..., etc., par Poullain Duparc, Rennes, 1745, I, p. cxlvi. Une sorte de résumé cependant en est donné comme « extrait des registres de Parlement ». C'est probablement la relation de la présentation de la coutume le 10 janvier 1581 qui fut consignée sur un registre du Parlement alors que le procès-verbal de cette présentation fut inscrit tout au long sur le ms. lui-même.

Mᵉ Nycollas Alixant conseiller et président aux enquestes et à eux ilz avoient, present Mᵉ Jacques Budes aussi conseiller et procureur general du Roy en ladicte court vacqué à la réformation de la coustume de ce pays et ont en la présence de Mᵉ Jacques Gourrau advocat général dudict seigneur mys par devers ladicte court le libvre de ladicte coustume tel qu'ilz ont dict avoir esté arresté en l'assemblée généralle des troys Estatz de ce dict pais escript sur vellin signé des dictz commissaires et scellé du cachet de leurs armes et relye et couvert de cuyr doré de quoy lesdictz de Bourgneuf premier président et Glé conseillers ont requis acte qui leur a este par ladicte court décerné. Fait en Parlement le **lundy** dixiesme jour d'avril l'an mil cinq cens quatre vingtz ung, interligne premier approuvé (1) Gaudin ».

OLIVIER MARTIN.

(1) Le mot « premier » lors de la seconde mention de René de Bourgneu a été en effet interligné.

NOUVELLE
REVUE HISTORIQUE

DE

DROIT FRANÇAIS ET ÉTRANGER

PUBLIÉE SOUS LA DIRECTION DE MM.

Rodolphe DARESTE
Membre de l'Institut,
Conseiller honoraire à la Cour de Cassation.

Adhémar ESMEIN
Membre de l'Institut,
Professeur à la Faculté de droit de Paris,
Président de section à l'École pratique
des Hautes-Études.

Joseph TARDIF
Docteur en droit, Archiviste-Paléographe.

Maurice PROU
Professeur à l'École des Chartes.

Georges APPERT
Docteur en droit, Secrétaire de la Rédaction.

Cette revue paraît tous les deux mois par livraisons de **10** feuilles environ et forme chaque année un beau volume in-8° de mille pages.

Les trente premiers volumes parus (1877 à 1906) avec les Tables de la *Revue de Législation* et de la *Nouvelle Revue historique* (1870-1885), 1 brochure... **250** fr.

Chaque volume se vend séparément : 15 fr. de 1877 à 1889 et 18 fr. de 1890 à 1900.
Les Tables seules.. **3** fr.

PRIX DE L'ABONNEMENT ANNUEL :

Pour la FRANCE......... **18** fr. — Pour l'ÉTRANGER............. **19** fr.

VIENT DE PARAITRE :   6ᵉ Année 1910

REVUE DE DROIT INTERNATIONAL PRIVÉ

ET DE

DROIT PÉNAL INTERNATIONAL

Fondée par **A. DARRAS**
Continuée par **A. de LAPRADELLE**
Professeur agrégé à la Faculté de droit de Paris, Associé de l'Institut de droit international

SOUS LE PATRONAGE DE MM.

A. LAINÉ
Professeur à la Faculté
de droit de Paris

A. WEISS
Professeur à la Faculté
de droit de Paris

A. PILLET
Professeur à la Faculté
de droit de Paris

DE BŒCK
Professeur à la Faculté
de droit de Bordeaux

E. AUDINET
Professeur à la Faculté
de droit d'Aix

E. BARTIN
Professeur à la Faculté
de droit de Paris

et avec la collaboration de jurisconsultes, magistrats et professeurs français et étrangers

Secrétaire de la rédaction : **P. GOULÉ**, Docteur en droit, ancien magistrat

Abonnement annuel :

France.......... **20** francs. — Étranger.......... **22** fr. **50**

BAR-LE-DUC. — IMPRIMERIE CONTANT-LAGUERRE.